Primary

MW01344962

Aa Bb Cc Dd Ee

Ff Gg Hh Ii Jj Kk

Ll Mm Nn Oo Pp

Qq Rr Ss Tt Uu

Vv Ww Xx Yy Zz

1 2 3 4 5 6 7 8 9 0

Made in the USA
Monee, IL
04 August 2021

74977672R00057